AF245942

DÉFENSE

DE

CH. SCHMITH,

Par un de ses F∴ en Maç∴

———

PARIS,

IMPRIMERIE BAILLY, DIVRY et Cⁱᵉ,
Place Sorbonne, 2.

1849.

Ce projet de défense était destiné à être présenté à la Haute-Cour de Versailles ; l'arrêté de M. le Président qui ne permet qu'aux avocats de plaider la cause des accusés nous privant de cet avantage, nous avons cru nécessaire, dans l'intérêt de notre frère, de le faire imprimer.

Messieurs de la Haute-Cour,

Je ne partage pas les opinions politiques de Charles Schmith, mais j'ai juré, la main sur l'Évangile, de défendre mes frères lorsque leur personne ou leur honneur seraient en péril, et vous pouvez croire que s'il me manque quelque chose pour remplir ce devoir sacré, ce ne sera ni le courage, ni le dévoûment.

La cause qui vous occupe, Messieurs, est née de l'oubli étrange que l'on a fait depuis bien longtemps d'une autorité morale qui donne un caractère légitime à toutes les autres, parce qu'elle émane du précieux instinct que Dieu nous a donné de discerner le mal et le bien, et comme l'accusation s'est abstenue d'en parler, permettez-moi d'en faire le sujet de la défense que je vais soumettre à l'examen de votre sagesse.

L'autorité morale dont je parle n'est autre chose que la voix de la conscience, qui crie à ceux qui sont appelés à gouverner les peuples : Soyez probes, désintéressés et dévoués au bien public, c'est un devoir que la patrie vous impose ; mais devoir impérieux, sans lequel vous n'êtes à ses yeux que les esclaves d'une ignoble ambition.

Ce devoir, qui inspire la confiance et la considération pour les choses et pour les hommes, qui exerce une si puissante et si heureuse influence sur l'esprit national, qui rend les peuples dévoués et soumis aux institutions, et donne à un gouvernement, quel qu'il puisse être, une force impérissable, vous en conviendrez sans doute, a été indignement méconnu par la plupart des hommes qui, depuis plus d'un demi-siècle, ont paru sur la scène politique, et lorsqu'on est convaincu que de ce détestable oubli sont nées toutes nos dissensions civiles et tous les maux dont la France a été accablée. Lorsque, dans la guerre de la succession du pouvoir, on trouve la cause première de toutes les révolutions qui ont éclaté et de toutes celles qui éclateront encore, il doit être permis, ce me semble, de jeter quelque lumière sur la cruelle position que les vrais coupables ont faite aux malheureux accusés qui sont devant vous.

En de pareilles affaires les faits ne sont que des accessoires ; les raisonner, les analyser pour en atténuer la gravité, c'est perdre son temps à caresser une impitoyable souveraine qui se nomme la loi ; c'est leur origine qu'on doit rechercher et faire connaître, car c'est là que se trouve le germe du mal qu'il faut détruire. Ainsi donc, qu'on ne vienne pas me dire : Au fait, avocat. Le fait pour moi est dans la cause ; la vie sociale d'un grand peuple a été gravement compromise par des passions cupides et une avide ambition ; voilà le crime, le seul vrai crime. Il faut rechercher ceux qui nourrissent dans leurs cœurs et dans leurs esprits ces cruels ennemis de l'humanité, et les rendre responsables de toutes les iniquités sociales et politiques dont la France a été la victime. Faire cette étude devant vous, c'est se placer sous les yeux de maîtres qui sauront apprécier le travail de l'ouvrier.

Ce n'est point le gouvernement que je viens attaquer, ni l'accusation que je viens combattre. Je comprends leur pénible devoir, et pour ce qui est du vôtre, je le respecte et je m'incline devant lui. Je viens seulement tirer le rideau pour vous montrer en plein jour les provocateurs de ce scandale judiciaire, ceux qui, après une révolution faite pour établir un ordre de choses qui assure à la France sa force et son indépendance, à l'homme sa dignité, à l'humanité son empire, viennent perturber et corrompre ces principes, et puis jeter sur le banc des criminels les hommes qui ont eu le courage de vouloir les arrêter dans leur œuvre impie. Quand même Charles Schmith ne serait pas mon frère, je me ferais un devoir de le défendre, parce que c'est un de ces hommes qui ont foi dans les principes qu'ils professent, et la foi, pour moi, est un point religieux que je respecte partout où il se trouve. La foi nous pousse parfois au fanatisme, et le fanatisme a de graves excès de zèle ; mais elle ne fait ni des hypocrites, ni des traîtres, ni de vils intrigants, ni d'insolents ambitieux ; elle n'envahit ni les emplois, ni les honneurs, ni les richesses ; elle est partout et toujours désintéressée, active et dévouée ; elle est le cachet de la probité de l'homme public ; en un mot, sans la foi politique, point de vrais citoyens.

Si depuis cinquante ans nous avons marché sur la lave brûlante des révolutions ; si le roulis des passions a broyé les trônes et les empires ; si les peuples ne savent pas où trouver la voie de la perfectibilité sociale ; c'est que les hommes d'État n'ont point eu foi dans les principes qui élèvent les intérêts de la patrie et l'ordre des lois au-dessus des régions où s'agitent les intérêts matériels, et qu'ils ont laissé derrière eux la moralité politique pour se faire des mœurs avaricieuses et cupides ;

c'est qu'au lieu de faire de leur noble profession la sainte cause des peuples, ils en ont fait celle de leurs intérêts privés.

Regardez en arrière, Messieurs! regardez sans craindre de rougir du scandale que le tableau va vous offrir. Voyez le moulin budgétaire ne tourner que pour eux, les titres, les dignités, les emplois devenir un héritage de famille. Voyez avec quelle insolente audace ils courent après toutes les bagatelles qui ont quelque attrait pour leurs sens et quelque charme pour leur vanité, et puis nous dire avec une orgueilleuse joie : Nous sommes les hommes de la civilisation et du progrès, les sauveurs et les vrais enfants de la patrie.

Eh ! s'il vous plaît, quelle est leur origine? Qu'étaient-ils avant que la vague des révolutions les eût élevés au sommet de la roue, d'où ils regardent maintenant avec une dédaigneuse indifférence les misères de l'humanité? Sortis de la poussière plébéienne, ont-ils avec le courage d'un Bayard, ou le talent d'un Sixte-Quint, commandé l'admiration de leur siècle? Qu'ont-ils fait? Par quel genre de vertus se sont-ils signalés? Quel noble sang ont-ils répandu? Quelle sueur ont-ils prodiguée? Où sont leurs œuvres?

Miltiade vainquit les Perses et s'empara de leurs trésors; Cimon commanda pendant trente ans les armées de sa patrie, et l'un et l'autre n'eurent pas en mourant de quoi se faire enterrer. Aristide disposa pendant long-temps des richesses d'Athènes, et il ne conserva que le nom de juste. Le vainqueur de Leuctres et de Mantinée, après un demi-siècle de commandement, descendit, pour vivre, jusqu'à devenir le voyer de la ville de Thèbes. Cincinnatus vainquit trois fois les ennemis de Rome et n'eut d'autre bonheur que celui de labourer son champ. Régulus abandonna femme, enfants et sa patrie pour accomplir un serment qui ne lui laissait d'autre espoir que d'être brûlé vif. Scœvola s'imposa un horrible sacrifice, en présence des barbares, pour leur montrer qu'il valait mieux souffrir mille morts que de trahir les secrets de l'État. Qu'ont-ils donc de commun avec ces mâles intelligences, les élèves des Talleyrand et des Fouché ; ces hommes de fortune que le machiavélisme politique a formés ? Rien. Non, rien ; pas même l'ombre de la ressemblance. Et maintenant qu'ils ont sucé jusqu'au sang les mamelles de la patrie, bu à tous les ruisseaux révolutionnaires, escamoté, pour ne pas dire filouté, toutes les positions sociales, aristocratisé leur progéniture, ils veulent sacrifier à leur ambition les victimes d'une noble et généreuse erreur, ils viennent vous dire : Voilà nos ennemis, écrasez-les sous la massue de la loi.

Ah ! messieurs les comédiens politiques, vous voulez écraser les vaincus par la plus terrible de toutes les armes, par celle contre laquelle on ne peut résister sans tomber dans un état pire que la défaite ; celle qui vous a sauvegardé jusqu'à ce jour, parce que vous avez eu l'art de faire fonctionner votre ambition en dehors de sa puissance ; et vous croyez qu'il n'existe pas une autorité plus forte que celle des lois ; vous avez oublié que l'opinion juge en dernier ressort le jugement des hommes ! Quel est le tribunal suprême des nations et la pensée souveraine de la justice de Dieu ? Eh bien ! nous voici devant le jury de la France et l'élite de la magistrature, devant nos contemporains et en face de la postérité ; venez vous justifier si vous l'osez, ou plutôt venez entendre votre sentence ; ce n'est pas moi, c'est la patrie qui parle, et c'est Socrate qui la fait parler aux juges et aux magistrats du peuple le plus spirituel et le plus éclairé de la terre.

Écoutez ma voix, vous qui de siècle en siècle perpétuez la race d'hommes précieux à l'humanité. J'ai établi des lois contre les crimes, je n'en ai point décerné contre les vices, parce que ma vengeance ne peut être qu'entre vos mains et que vous pouvez les poursuivre par une haine vigoureuse. Loin de la contenir dans le silence, il faut que votre indignation tombe en éclats sur la licence qui détruit les mœurs, sur les violences, les injustices et les perfidies qui se dérobent à la vigilance des lois ; sur la fausse probité, la fausse modestie, la fausse amitié et toutes ces viles impostures qui surprennent l'estime des hommes ; et ne dites pas que les temps sont changés, qu'il faut avoir plus de ménagement pour le crédit des coupables. Une vertu sans ressort est une vertu sans principe ; dès qu'elle ne frémit pas à l'aspect des vices, elle en est souillée.

Vous l'avez entendu, Messieurs de la Haute-Cour, la sentence est partie d'une bouche pure, de celle du plus vertueux des hommes, de celui qui, après avoir enseigné pendant trente ans les règles de la sagesse, ne voulut pas entrer dans les affaires publiques, par la seule crainte de n'être pas assez fort de caractère, ni assez pur d'esprit pour les administrer convenablement.

Vous devez juger les crimes dans l'esprit de la loi ; mais les vices qui les font naître, les passions qui les propagent, c'est à vous à les poursuivre de votre indignation, à vous à frapper de mort, par un blâme solennel, cette plante parasite qui ne grimpe à l'arbre gouvernemental que pour le dessécher et le pourrir.

Ne croyez pas, Messieurs, qu'en vous parlant de ces renégats de tous les régimes, je veuille satisfaire un sentiment de haine et de mépris, ou impressionner vos esprits par le mirage d'un romantique tableau ; je vous en parle pour vous montrer le siége du mal, afin d'aviver les instincts religieux de vos consciences et pour donner à votre haute raison l'empire qu'elle doit avoir pour décider avec une sainte autorité quels sont les vrais criminels de ceux qui, pendant dix-huit ans, ont par de sales exemples de cupidité et d'avarice perturbé la marche des idées morales et politiques d'une grande nation ; ou de ceux qui, dans un excès de zèle patriotique, ont cru devoir solennellement et en plein soleil protester contre une si indigne et si détestable habitude.

Eh bien ! oui, Messieurs, le désordre des intelligences, cette tourmente révolutionnaire qui semble devenir éternelle, tant elle grandit avec la marche du temps, vient de l'oubli des principes qui assurent le mouvement naturel et classique des gouvernements. Que tel ou tel préfère un gouvernement à un autre, cela se conçoit ; mais la raison nous dit que tous les gouvernements sont bons, lorsque les princes sont justes ; tous ont pour éléments un germe de force et de durée, de liberté et de bonheur public. C'est la fausse application de leurs principes ou l'oubli que les organes du pouvoir en font, qui les rend mauvais et insupportables.

Pour vous prouver cette vérité, je ne vous ferai pas l'historique de tous les modes gouvernementaux qui se sont succédé depuis le sacrifice d'immolation de la place de la Concorde, jusqu'à la chute expiatoire de Louis-Philippe ; ni des iniquités légales qu'il a fallu commettre pour les soutenir ; quelques exemples suffiront pour prouver que les vrais coupables, ceux qui ont perverti les mœurs politiques d'un peuple bon et généreux ne sont pas au banc des accusés et que vous n'êtes ici, si M. le Procureur général me permet de vous le dire, vous, hommes de conscience et de foi, que les instruments involontaires de leur convoitise.

La Révolution française, depuis 89 à 91, avait fait faire

un progrès immense à l'esprit national ; une constitution qui consacrait tous les droits attachés à la vie sociale des peuples et les devoirs que chaque citoyen doit à sa patrie et à son semblable, ouvrait une ère nouvelle de prospérité et de bonheur à la France, il fallait loyalement la suivre pour arriver au meilleur des mondes possibles.

Mais les hommes politiques ne sauraient rester dans une position calme et heureuse, il faut intriguer, insurrectionner, comploter, faire du plus noble des arts un commerce d'aventure, d'ambition, de ruse et de contre-ruse ; et cela, non pas pour monter l'échelle du pouvoir de degrés en degrés ou de vertus en vertus, mais par un coup de foudre révolutionnaire. Il est vrai que cette guerre de pirates offre des avantages inouïs ; une fois vainqueurs, les biens et les honneurs nous viennent en dormant ; jamais de revers de fortune, ni de saison stérile. Depuis cinquante ans que l'esprit d'ambition nous a fait courir de révolution en révolution, et de gouvernement en gouvernement, pas un n'a vendu son héritage de famille, ni fait un trou à la lune ; tandis que 100,000 honnêtes citoyens, après avoir sué sang et eau pour faire prospérer l'industrie, le commerce et les arts, ont été obligés de courber leurs têtes blanchies par l'âge et par le travail devant un jugement qui les condamnait à perdre leur honneur commercial. Vous songerez, Messieurs de la Haute-Cour, à cette position excentrique, des hommes qui suent et travaillent exclusivement pour la prospérité et le bonheur de la vie humaine, qui, exposés à toutes les vissicitudes sociales, n'ont pas encore de compensation dans l'ordre politique, et vous y verrez un mal moral qu'il est temps de détruire.

Enfin, à l'époque dont je parle, les hommes politiques, pour remuer, bouleverser, renverser l'ordre des faits accomplis, lorsque leur ambition ne serait pas satisfaite, s'appuyèrent sur deux grandes puissances que les principes de 89 avaient consacrées dans nos mœurs, le journalisme et la souveraineté du peuple. Né au milieu de nos dissensions civiles, si le journalisme eût conservé le caractère de moralité qui signala son origine et la sage direction que Linguet lui avait donnée, il aurait rendu de précieux et immenses services à la France et à la civilisation. Un vil intérêt, le calcul d'une avide ambition le mit à la solde des partis qui désolaient notre patrie, il se fit agioteur et mercenaire, il vendit l'esprit et le talent à ceux qui voulurent l'acheter : c'est ainsi qu'il a fait autant de mal qu'il pouvait faire de bien. Pour ce qui est de la souveraineté du peuple, elle est ce qu'elle est, comme dit le rusé *Constitutionnel*, en parlant de sa majorité. Mais on doit convenir que, quoiqu'elle descende du neuvième ciel en ligne droite, elle a comme les majorités son côté vicieux. Les majorités sont comme Saturne, elles dévorent leurs enfants. Elles ont dévoré la République française et tous les systèmes républicains qui l'ont suivie, l'Empire et l'empereur, la Restauration et ses deux rois, Louis-Philippe et sa vieille expérience. Et il est à craindre qu'une majorité quelconque ne vienne en faire autant de la République une et indivisible, sous laquelle nous avons le bonheur de vivre. Quant au côté faible de la souveraineté du peuple, le vieil univers comme le nouveau en ont éprouvé les funestes effets. Ce mot, souveraineté du peuple, a une empreinte de vérité si déliée, un criterium si abstrait, si métaphysique, qu'il est impossible d'en saisir le caractère propre ; de telle sorte que ceux-là même qui l'aiment par amour et par dévouement, et qui veulent lui conserver sa virginale nature, tombent inévitablement dans la démagogie.

Il arriva donc que la grande révolution avait à peine répandu son principe fertilisant sur le sol de la patrie, que la démagogie s'ingéra dans l'esprit des hommes politiques; elle les divisa en partis, en camaraderies, en factions; et chacun, pour arriver au pouvoir, prit des moyens extrêmes. Les vrais républicains, pour vouloir établir en droit et en fait la souveraineté du peuple, tombèrent dans les excentricités les plus extravagantes. Ils visaient, comme les communistes de notre époque, à la réalisation du plus romantique anachronisme social qui puisse jamais exister; ils voulaient ramener les hommes du 18e siècle à la création du monde, les faire vivre comme Adam vivait dans le mystique paradis. Ces honnêtes et fougueux démocrates ne s'entendirent pas, comme cela devait être, sur le dogme et sur les doctrines qui devaient appuyer un si merveilleux système social. Et ici commence la scène odieuse du fanatisme aveugle qui marche au crime par toutes les voies. Partis d'un faux principe, les républicains réformateurs se trouvèrent placés entre la tyrannie démocratique et une épouvantable anarchie. Ils avaient appelé la révolution au nom de la raison et de la liberté, et cette raison n'enfanta que des fous, et cette liberté que des tyrans : ils voulaient rétablir les droits de l'homme et du citoyen ; et ils bouleversaient tous les droits, et ils immolaient, ils violaient les sentiments les plus humanitaires. Comme tous voulaient avoir raison, et que presque tous avaient tort, il fallut en venir à une guerre de sang et de morts. Après avoir décimé leurs ennemis politiques, ils s'envoyèrent les uns après les autres à l'échafaud, au nom du peuple souverain, au nom de la Constitution, au nom des lois ; ils n'avaient pas même besoin de Fouquier Tainville pour formuler l'arrêt de leur vengeance. Ainsi finirent les quelques vrais républicains de 93, dont le fanatisme de la vertu politique fit des tyrans.

En tombant, l'hydre de la terreur laissa derrière elle les guêpes et les frêlons politiques ou les roués de la Révolution dont j'entends vous parler, qui ont formé cette mauvaise queue du serpent qui grossit à tous les revirements gouvernementaux, et qui, mille fois plus funeste que celle des comètes dont les romans astronomiques nous menacent, jettera dans le monde, si on n'y prend garde, un feu incendiaire qui ne s'éteindra jamais. Ce genre de mouches hétéroclites, rangées par Talleyrand dans l'espèce de celles qui ont un estomac d'autruche et des entrailles de fer, n'eurent pas plus tôt vu le tranchant de l'échafaud s'émousser et le calme renaître, qu'elles arrivèrent fraîches et bien portantes, comme on voit toujours en pareille circonstance; ils improvisèrent un gouvernement pour leur propre compte, comme cela se pratique dans leur école gouvernementale, qui, dans l'espace de quatre ans, épuisa toutes les ressources financières et matérielles de la France, qui ne fit rien de beau, rien de grand, rien de digne, rien de national; qui enleva à la République les éléments de force et de puissance qui l'avaient fait craindre et admirer de toute l'Europe et la fit tomber dans un tel état de faiblesse et de misère, que Sieyès ne sachant comment s'y prendre pour en conserver les restes, était seul à se lamenter dans son cabinet, lorsque Moreau entra et lui dit : Citoyen président, Bonaparte est arrivé à Fréjus. Bonaparte ! s'écria Sieyès avec l'accent de la plus vive joie, nous sommes sauvés. Et le vainqueur de l'Égypte ne fut pas plus tôt arrivé à Paris que le dix-huit brumaire fut décidé.

Les républicains publicistes de notre époque ont trop légèrement blâmé ce coup d'État commandé par une impérieuse nécessité; qu'ils lisent les Mémoires du temps, surtout celui de l'honorable avocat Bonnet, pour la défense du général Moreau, ils verront à quel état de dépravation et de corruption était tombée l'administration de la République : on pillait, on volait partout, et impunément; nos arsenaux étaient vides; nos places fortes sans défense; notre trésor épuisé; nos soldats sans pain et sans munitions; et l'étranger à nos portes, prêt à souiller encore une fois le sol de la patrie. Qu'on y prenne garde : je parle d'une administration détestable et de la mauvaise queue des républicains et non de la République, que je considère comme le gouvernement le plus simple, le meilleur de tous, lorsqu'il est dirigé par des hommes vertueux.

Bonaparte répara tout à Marengo, il nous rendit maîtres de la position en Europe, il donna à la France un gouvernement régulier et lui restitua la force morale qu'elle avait perdue; s'il fit un peu de despotisme, s'il nous priva de certaines libertés chères à tout cœur français, on doit convenir que la mauvaise gestion de nos gouvernants, et le désordre qui régnait dans les esprits, lui en avaient fait une nécessité. Le premier Consul connaissait parfaitement les hommes qui composaient la mauvaise queue de 89; il savait bien que c'étaient des ambitieux, sans courage et sans générosité; mais il redoutait leurs intrigues, leur ténébreuse et mystérieuse coalition, leur bavardage de salon, leur polémique de journaux; enfin, tout ce qu'il faut craindre lorsqu'on est à la tête d'un grand peuple, ce qu'il faut savoir étouffer non pas par la force, mais par une sage et sévère administration. Il aurait bien voulu les envoyer tous dans la cinqüième partie du monde; mais les roués étaient comme des Cerbères à la porte du nouveau Temple, qui attendaient leur proie. Bonaparte, malgré

son inflexible caractère, fut obligé de s'assouplir. Il
créa un Sénat, un Conseil d'État, un Corps Législatif et
autres attributions gouvernementales qui lui permirent
de les faire manger tous au ratelier de la chose publique;
mais il leur défendit de se servir du porte-voix du
journalisme pour manifester leurs opinions, ce qu'ils
firent avec une résignation égale à celle qui signala les
vassaux de la troisième race.

Enfin, après douze ans de triomphe et de gloire, les
revers arrivèrent. Vous croyez peut-être que les serviles
muets auxquels il avait assuré une brillante position
auraient recouvré la voix pour le défendre contre les
ignobles calomnies qu'on lui jetait à la tête. Vous savez
tous, Messieurs, que Bonaparte fut le plus désintéressé
et l'un des meilleurs citoyens de son temps; qu'il ad-
ministra les affaires de la France avec la plus grande et
la plus sévère économie; que son génie et ses libéralités
donnèrent la vie à l'industrie, aux sciences et aux arts;
que les coffres de l'État se remplirent, quoique la
France eût en permanence une armée de 600,000 hommes. Et quant à son titre du plus grand capitaine de son
siècle, je ne pense pas que personne puisse le lui dis-
puter, si ce n'est un romancier anglais qui a écrit
l'histoire de France comme une commère fait celle de
son quartier. Eh bien! Messieurs, lisez l'œuvre de dé-
chéance de 1814, formulée par trois des plus célèbres
coryphées de la mauvaise queue révolutionnaire, et
vous verrez avec quelle impudente audace, au nom des
lois antérieures à la constitution, enfin à l'aide du
jargon de la légalité qui prête de si fortes armes aux
vainqueurs, ils ont exploité une si belle vie, et trouvé
des crimes là où ils n'auraient dû voir que des néces-
sités politiques, ou l'empire absolu d'une haute raison
d'État.

Eh ! pourquoi ces perfides impostures colorées d'un vernis légal ? pourquoi afficher devant l'histoire et aux yeux de leurs contemporains une si noire ingratitude ? Était-ce pour faire la cour à des étrangers et saluer par une trahison infâme leurs canons et leurs baïonnettes ? Les étrangers n'avaient pas besoin de ces indignes caresses ; la gloire d'avoir vaincu leur maître rassasiait assez leur orgueil. Était-ce pour se faire un titre de dévoûment ou de reconnaissance auprès du comte de Provence ? Ce prince, d'après sa foi politique, venait occuper un trône qu'il tenait du ciel, et exercer un droit que personne ne pouvait lui contester. Mais non ; ce n'était ni un hommage hypocrite aux vainqueurs, ni le simulacre d'un dévoûment perfide à l'héritier de l'antique race des rois qui enflammaient leur ambition, ils se conformaient seulement à l'éclectisme de l'école des roués politiques : prendre tout ce qui arrive, et de quelque part qu'il vienne, donner le coup de pied de l'âne aux vaincus, et se mettre au flot des événements, afin de les exploiter à leur profit.

Louis XVIII, à son avénement au trône, avait un sentiment de sympathie à satisfaire, et un devoir d'amitié à remplir ; il plaça dans son gouvernement ses compagnons d'infortune, et leur accorda la juste confiance que vingt ans de zèle et de dévoûment leur avaient méritée. Soit la crainte de paraître trop absolu aux yeux de la nation, soit la bizarre pensée de marier les principes du légitimisme à ceux de la révolution, afin de contenter tout le monde, il fit une large part à la famille des roués politiques, qui s'était accrue de toutes les médiocrités ambitieuses de l'Empire et des mécontents que ses sévères pratiques gouvernementales avaient faits. Les anciens, qui déjà se miraient aux rayons du soleil levant, se seraient volontiers contentés de la position que l'habile monarque leur avait faite. Les uns étaient pairs ou députés, les autres conseillers d'État ou ministres ; mais les nouveaux, qui n'étaient encore que de petits commis sortis des établissements burocratiques du journalisme ou des différentes administrations gouvernementales, voulant monter rapidement l'échelle de la même manière que les autres, conçurent le facile projet de faire la guerre à la Restauration à coup de plume. Le journalisme étant devenu le commerce des ambitions, ils prirent cette voie pour intriguer, cabaler et changer l'esprit public en leur faveur. Ils firent entendre au peuple que la Restauration n'était que l'ancien régime retourné, le règne des Jésuites et des prêtres; celui des abus fiscaux, royaux et féodaux. Malgré la censure modèle de Louis XVIII, et les réquisitoires foudroyants de ses procureurs généraux, ces impudents mensonges, colorés d'un dévoûment patriotique et d'un zèle ardent pour la liberté et le bonheur du peuple, eurent cours dans l'opinion publique ; l'indifférence et la déconsidération pour le gouvernement légitime s'empara tellement de l'esprit des masses, qu'à la mort de Louis XVIII la chute du trône était pour tout le monde un événement inévitable. En effet, sous le règne de Charles X les hommes politiques de la mauvaise queue, qui alors se faisaient appeler libéraux, et qui certes n'avaient rien de modéré, ni dans l'action, ni dans les moyens, formèrent une vaste conspiration qui nous donna la sanglante comédie de 1830.

Je pourrais, Messieurs de la Haute-Cour, offrir à votre méditation quelques détails curieux sur l'insigne guet-à-pens qu'une minorité ambitieuse osa appeler une révolution, et qui ne servit qu'à faire éclore une royauté qui, depuis longtemps, couvait sous le manteau de la société *Aide-toi, Dieu t'aidera.* Mais ce sont là de ces ignobles roueries qui répugnent trop à un cœur français. Seulement, je laisse à vos consciences à décider si la révolte eût été vaincue, ce que vous auriez fait si vous aviez été appelés à la juger.

D'abord, avouons-le, pour montrer sous son coloris perfide le crime de lèse-nation, le commencement de cette nouvelle étoile dynastique, sortie de l'horizon des barricades, se fit sous d'heureux hospices : le peuple était quasi content. Il mangeait en travaillant, il chantait la *Marseillaise*, et criait : Vive la liberté ! il n'en demandait pas davantage. Le peuple souverain est un bon enfant, il veut vivre à l'aise et avoir son franc parler; si on lui accorde cette faveur, il fait comme ces rois fainéants dont on nous a fait la scandaleuse histoire : il abandonne sa souveraineté à la grâce de Dieu.

Cette ombre de bonheur public, que le nouvel ordre de choses avait fait apparaître, se dissipa bientôt pour faire place au cauchemar du despotisme le mieux étudié et le plus habile, car il s'exerçait au nom de la constitution et des lois.

Les chefs du complot de 1830 avaient disposé en leur faveur cette partie ardente et brave du peuple, toujours prête à faire le coup de fusil dans la rue lorsqu'on lui parle de reconquérir les droits et l'indépendance de la nation. Ce fut elle qui fraya à l'élu de la Société *Aide-toi, Dieu t'aidera*, le chemin du trône ; et, suivant sa généreuse et noble habitude, après le triomphe, il retourna dans ses ateliers. Mais ceux qui conduisaient cette phalange de dupes, et sur laquelle tombait en partie la responsabilité de la révolte, demandèrent avec l'autorité de la raison et de la foi jurée, l'exécution franche et loyale du programme de l'Hôtel-de-Ville. Les héritiers de la victoire populaire, en vertu de l'autorité de la constitution et des lois faites sous tel ou tel régime, les envoyèrent dormir dans les prisons d'État. N'importe ; c'est le jeu des vainqueurs et des vaincus. Mais les vainqueurs avaient eux-mêmes formulé un programme d'une perfection divine, qui dans trois mots indiquait les conditions essentielles d'un gouvernement constitutionnel.

Ce programme, le voici : La meilleure des républiques incarnée dans la nature corporelle du nouveau roi, une Charte vérité, et un gouvernement à bon marché. Pour remplir les conditions du contrat, il ne fallait qu'un peu de vertu politique et une règle gouvernementale analogue ; mais ces messieurs avaient fait des restrictions mentales, et ils les mirent à exécution. Quelques mois s'étaient à peine écoulés, que la meilleure des républiques se métamorphosa en un despotisme personnel le plus raffiné et le plus exclusif que l'on ait jamais vu. Nous ne disons pas que Louis-Philippe ne savait pas manœuvrer la matière gouvernementale, et qu'il n'y avait pas quelque chose de bon dans son travail ; mais ce qui est détestable, et ce qui l'a perdu, c'est cet entourage avaricieux et cupide, cette queue de serpent révolutionnaire de tous les régimes, qui formait sa cour. C'est cette majorité souple, servile, rampante, qui partageait la dictature du bon plaisir. Une fois député, on se donnait le droit d'être préfet, ministre, conseiller d'État, receveur général, président de Cour royale et même général d'armée sans avoir connu l'odeur de la poudre. On ne disait pas à un ministre : Pouvez-vous m'accorder une place ? On lui disait : Je veux placer mes enfants, mes oncles, mes neveux, mes cousins, mes petits cousins, le diable, s'il peut prouver qu'il est mon parent ; et soudain toute la lignée était employée.

Pour ce qui est de la Charte vérité, vous savez tous,

Messieurs, que ce n'était qu'une pièce de rapport au système personnel, une espèce d'apocalypse que les casuistes de la Cour interprétaient *ad libitum.*

Quant au gouvernement à bon marché, deux mots suffiront pour éclairer votre religion : la République avec ses neuf corps d'armée, sa terreur et ses voleurs publics ; l'Empire avec ses guerres continuelles, ses 600,000 hommes en permanence, ses fêtes de noces et ses couronnements ; la Restauration avec les 700,000,000 aux étrangers, le milliard aux émigrés, ses obligations sur la terre d'exil, n'ont dépensé ensemble que trois milliards. Et le gouvernement à bon marché, sans guerre, sans embarras intérieur, sans pompes, sans éclat de cour, n'ayant en raison des circonstances qu'une petite manœuvre diplomatique à payer, nous a consommé cinq milliards. Si vous me demandez où est passé tout cet argent, je vous dirai : dans les coffres de ceux qui ont exploité en grand le marché des effets publics, et dans la bourse des hommes qui nous ont donné la meilleure des républiques.

Les Français ont été pendant dix-huit ans les paisibles victimes de ce commerce scandaleux de la chose publique ; leur patience vous montre avec quelle sagesse et quelle confiance ils ont attendu que la lumière se fasse dans le chaos gouvernemental. Et ce n'est que lorsqu'ils ont vu le brigandage des places, des honneurs et de tous les avantages que donne le pouvoir, passer en habitude, s'ingérer dans les mœurs des hommes politiques, et se constituer en privilége de famille, que le mépris, la haine, la vengeance, se sont emparés de leurs esprits. L'étincelle révolutionnaire a éclaté, et son tourbillon de flamme a dévoré le trône et la royauté. Au milieu de cet incendie patriotique, la France a gardé un religieux silence : soixante mille soldats sont restés

l'arme aux bras , et la main divine qui avait puni l'im-
piété de Balthazar, a écrit en lettres de feu, sur le temple de la patrie : Ton règne est fini. Exemple terrible
de la vengeance céleste , qui devrait servir à jamais de
leçon à ceux qui sont appelés à gouverner leurs semblables. Les héritiers du complot de 1830 ont dit pendant
longtemps aux amis de la branche aînée : Où étiez-
vous lorsque le feu de nos braves a chassé votre roi ?
Maintenant ceux-ci peuvent leur faire cette réponse :
Et vous ! où étiez-vous lorsque le peuple était sur la
brèche fulminante de Février?

Vous apparaissez sur l'horizon , lorsque le nuage qui
portait la foudre pour vous écraser est dissipé. Vous
recommencez à intriguer, à comploter, et pour cacher
votre manque de courage sous la gaze d'une heureuse
apparence, vous venez nous dire à la tribune nationale :
On ne s'est pas battu. Savez-vous pourquoi *on ne s'est
point battu ?* parce que cette main puissante , dont je
viens de vous parler, avait jeté dans tous les cœurs la
froideur, l'indifférence et le dégoût ; parce que les liens
de sympathie et les affinités morales qui doivent unir
le peuple au souverain , n'existaient plus ; parce que ,
lorsque le vrai peuple, non pas celui que les camaraderies, les partis ou les factions, appellent à leur aide, pour
escamoter un trône ou faire tomber un gouvernement,
mais celui qui se compose de toutes les hiérarchies sociales : je dis donc que , lorsque ce peuple-là prend les
armes pour punir les usurpateurs de ses droits , il n'y a
pas un audacieux , pas un téméraire qui ose brûler une
amorce contre lui.

Et savez-vous ce que nous a valu le dévergondage de
nos manipulateurs de la meilleure des républiques? Un
désordre épouvantable dans les choses et dans les
hommes. Nous avions une religion de cœur, un fluide

de sympathie et d'amour qui enflammait nos âmes pour une mère commune qui s'appelle la patrie ; des mœurs analogues, une physionomie locale, un caractère propre qui formaient notre nationalité. Maintenant ces grands ressorts de la vie sociale sont rompus, ces sublimes affections sont éteintes : ce qui nous reste, ce sont des opinions et des idées, pour quelque chose de vague, d'indéfini, d'insaisissable, qui se nomme Liberté, Egalité, Fraternité, trois chimères, que l'on colle par dérision sur les murs froids et glacés des monuments publics, ne pouvant les placer ailleurs ; ce qui est honteux pour nous, ce qui parle hautement contre les hommes qui se sont joués de notre crédulité et de notre confiance. Les sciences, les arts, tout ce qui est du domaine de l'intelligence et du travail a fait un progrès immense, et nous sommes moins avancés dans la science politique que ne l'étaient nos pères lorsqu'ils brisèrent les fers de notre antique esclavage. Et comment en serait-il autrement ? Au lieu d'asseoir notre existence collective sur des principes en harmonie avec notre civilisation et nos lumières, nous nous attachons à des théories sans consistance et sans avenir ; nous abandonnons notre destinée aux éventualités et aux vagues des passions égoïstes qui dominent le siècle ; et ceci vient de ce que la locomotive sociale manque de solides conducteurs ; nous n'avons que des meneurs, des boute-en-train, des économistes à courte vue, qui veulent tarifer la vie de l'homme comme ils font de celle de leurs chiens. Et puis on s'étonne de voir arriver, comme maladies d'habitude, ces cataclysmes politiques qui ne servent qu'à satisfaire les passions brutales de quelques médiocrités ambitieuses. Ces tourbillons révolutionnaires, dans lesquels la raison et l'esprit public se trouvent enveloppés ; cette bataille parlementaire de la rue, où personne ne sait ce qu'il veut, ni ce qu'il fait, où l'on ne comprend pas mieux les mots que les choses, où l'on s'égorge les uns les autres pour le stérile avantage de faire passer parfois le pouvoir dans des mains ni moins cupides, ni moins cruelles que celles de ceux qui l'ont abandonné ; et où toujours le peuple, après avoir épuisé son courage, ne trouve pour toute récompense qu'une erreur nouvelle à confesser et une sottise de plus à expier.

On amène devant vous quelques citoyens accusés de complot, et vous croyez, sans doute, que ce sont là les seuls coupables? Moi, je viens vous dire que le complot dont on les accuse est dans l'esprit de vingt millions de Français, que les idées d'insurrection et de révolte agitent toutes les têtes, que le désordre moral déborde le siècle ; qu'il est à la ville et à la campagne, sous la chaumière et dans les salons.

Cette irritation des esprits qui a saisi jusqu'à ceux qui, par leur état de fortune, sont le plus disposés à la contemplation des choses d'ici-bas, vient de ce que chacun a une position gênante et mal assise, et qu'il voit derrière lui la suite d'une tempête de cinquante ans. Les préventions, les méfiances, les inquiétudes que chacun éprouve, ne sont point l'effet d'une vaine terreur ; indépendamment de ce qu'on trouve partout la trace du même vice qui a corrompu la vertu politique, les fautes et les mêmes erreurs se succèdent d'un gouvernement à un autre, et on aperçoit derrière le rideau les mêmes ambitieux, prêts à faire passer encore une fois le peuple sous les Fourches Caudines du vandalisme gouvernemental ; alors chacun se dit : la guerre n'est point finie, une victoire n'a point décidé du sort des vaincus.

Certainement personne ne s'attache sérieusement à déplacer le pouvoir ou à changer l'ordre de choses établi ; ce qu'on veut, c'est un avenir plus stable et plus certain, une saison printanière de la chose publique plus durable et plus tranquille, afin que le génie national puisse déployer toute sa force et se livrer à ses magiques et glorieux instincts, et que tous les genres de prospérité aient un cours naturel et paisible : voilà pourquoi, ainsi que je viens de le dire, vingt millions de Français complotent ; pourquoi le bon sens public pousse le pouvoir dans le cercle des principes humanitaires et des compensations sociales ; pourquoi il exige que la probité et le désintéressement président à tous les actes de la vie gouvernementale, parce que avec les vertus civiques on conserve aux institutions la pureté et la force de leurs principes. Voilà, Messieurs, le complot de la nation, le complot universel, et celui qui vous est dénoncé n'est pas autre chose, si ce n'est qu'il se trouve dans les citoyens prévenus un zèle outré et quelque chose qui est l'expression d'une foi politique aussi vive que sincère.

Si vous croyez que je grossisse le tableau, ou que j'en impose, prenez l'habit de simple voyageur, allez, comme Pierre-le-Grand, visiter nos ateliers, nos arsenaux, nos manufactures et tous les lieux où la famille ouvrière cherche sa vie par le travail, et vous serez convaincus de ce que j'avance ; et c'est au milieu de cette ébullition des esprits, alors que l'âme sociale couve un feu latent qui peut embraser le monde, que l'on vient vous dire : Jugez, condamnez, remplissez les prisons des victimes d'une fougue révolutionnaire, d'un écart, ou plutôt d'un égarement patriotique. Si ce sont là des rigueurs légales que l'on vous demande, ce ne sont point des rigueurs salutaires. Le peuple, j'en suis assuré, ne verra pas d'un œil satisfait votre œuvre de justice ; il vous accusera d'avoir contracté les mauvaises habitudes de la Cour des Pairs, des Cours prévôtales, des Hautes-

Cours ; vous aurez jugé d'après votre conscience et selon les lumières de votre raison ; personne n'en doute ; malgré cette preuve de zèle, il verra de la similitude, de la ressemblance entre le passé et le présent ; il vous dira, il osera vous dire ce qu'il disait à vos devanciers : Vous avez rendu un service et non un arrêt. Ainsi, loin de jeter la confiance dans les cœurs, vous les rendrez plus soupçonneux ; loin de calmer les esprits, vous les irriterez ; et moi je vous dirai dans une sincère conviction ce que Burrhus dit à Néron :

> Vous allumez un feu qui ne pourra s'éteindre ;
> Craints de toute la France, il vous faudra tout craindre.

Messieurs de la Haute-Cour , quelques coups de fusil tirés sur des hommes de police, des barricades élevées contre une armée de généreux soldats ne sont point un signe certain d'une révolution sociale ; afin que l'insurrection soit légitime, il faut que le peuple soit bien convaincu qu'elle est nécessaire à ses intérêts et que la guerre que l'on fait au pouvoir est l'expression de sa volonté souveraine ; alors c'est la force morale qui agit, celle du droit et de la raison, et cette force est invincible. La révolution de février a eu pour cause le triomphe d'un principe qui est l'âme de la vie humaine, et la condition suprême de l'union des hommes en corps de nation. Ce principe avait été constamment froissé, bâillonné, tyrannisé par les lois, réglements, ordonnances, arrêts de Cours, manœuvres de police, et par l'étroit et cupide despotisme gouvernemental de cette époque ; le mouvement ascendant que les lumières de la civilisation donnent à ce principe, avait pris une direction vicieuse et funeste, ce qui avait jeté la perturbation dans les esprits et la colère dans les cœurs. Le faire rentrer dans la voie naturelle du progrès social, c'était lui restituer son influence morale et sa puissance civilisatrice ; c'est ce que le peuple français a fait en février, et de son œuvre est née une République démocratique, une et indivisible.

La république est le plus simple et le plus normal des gouvernements, la nature l'a imposé à toutes les espèces vivantes. L'univers n'est autre chose qu'une vaste république pleine de vie et de liberté : afin de ne pas faire d'exception à la règle générale, Dieu a donné aux peuples, par l'organe du Prophète-roi, le droit de se gouverner eux-mêmes ; le gouvernement républicain bien compris et bien administré, garantit tous les progrès et assure les intérêts matériels et moraux de la société, et leur donne un développement régulier et rapide ; mais la sévérité de ses principes ne satisfait pas toutes les ambitions et ne plaît pas à tous les goûts : de là est née la guerre qui a éclaté depuis février entre ceux qui veulent modifier et retourner le gouvernement et ceux qui veulent lui conserver ses éléments démocratiques.

Dans cette catégorie se trouve Ch. Schmith ; je n'ai pas lu avec l'attention d'un légiste l'acte d'accusation, dans la pensée où je suis qu'une pareille œuvre est toujours écrite avec art et méthode et que rien ne manque pour en justifier les rigueurs.

Mais puisqu'il vous a présenté Ch. Schmith en regard de la loi criminelle, comme coupable d'attentat, permettez-moi de vous le présenter à mon tour sous la protection de la loi divine, qui ne veut pas qu'on impute à crime une action faite dans la pensée d'accomplir un devoir de bon citoyen.

Ch. Schmith est lié à une société qui depuis plusieurs siècles s'est mise à la tête de la civilisation pour en diriger le mouvement dans l'intérêt exclusif de l'humanité, et qui a pris pour dogme Dieu et la raison : établir les doctrines sociales sur l'enchaînement mutuel des droits et des devoirs attachés à notre existence collective; porter les hommes par des études sérieuses à la connaissance approfondie des vérités naturelles, afin de les dépouiller des erreurs et des préjugés, du fanatisme et des superstitions qui asservissent leur raison, et les exposent à des écarts de jugement aussi stupides que funestes. Faire de la bienfaisance le principe actif de notre conduite envers nos semblables, sans en excepter même nos ennemis; respecter la foi de toutes les consciences; accepter les faits accomplis qui assurent dans les États l'ordre et la tranquilité; ne jamais s'occuper de la politique d'actualité, qui règle les intérêts, et assure la position normale des générations contemporaines. Voilà l'esprit de cette Société, dont les plus grands rois comme les plus grands génies se sont fait honneur de partager les œuvres, et de laquelle Charles Schmith était l'un des plus zélés adeptes.

Cette Société exige que ses membres aient un saint respect pour les institutions, elle leur défend de prendre les armes, si ce n'est pour servir ou pour défendre leur patrie; encore considère-t-elle ce devoir comme le plus rigoureux de tous. Plein de ces principes et toujours disposé à les mettre en pratique, Charles Schmith n'a pu concevoir le dessein de renverser l'ordre de choses établi, ni s'associer à quelqu'un qui osât le faire. Quelle était donc sa pensée quand il a prostesté solennellement? La voici :

Ch. Schmith est un de ces républicains avancés, qui pensent que niveler les conditions et les fortunes un peu mieux que ce qu'elles sont, serait un bien inappréciable pour les peuples de l'Europe; ceci est une opinion comme une autre. Le mal que je trouve, c'est de croire qu'elle est facile à réaliser dans l'état où l'égoïsme a placé nos mœurs. Partant de cette opinion, qui devient sa foi politique et qui, comme on le voit, n'a rien que de très-charitable et de très-humain, il veut que la république, une et indivisible, soit assise sur ses bases naturelles, afin que le souffle d'une ambition personnelle ou le tourbillon d'un parti provocateur ne puissent l'ébranler ; il désire que la Constitution, votée par les mandataires du peuple français, soit loyalement exécutée. Convaincu que les deux articles de cette loi fondamentale, qui consacrent le droit de réunion et l'indépendance des peuples, ont été violés par la majorité de la Législative et par le gouvernement ; fortifié dans son opinion par la protestation de cent cinquante députés, représentant moralement dix millions de Français, il a dit, comme mille autres : Protestons, afin que de tels abus n'aillent pas plus loin. Il n'y a pas encore en ceci un crime. Tout ce qu'on peut y voir, c'est une louable et généreuse erreur. Ensuite Ch. Schmith connaît l'histoire de son pays et les mouvements parlementaires qui ont provoqué la chute de quatre dynasties et de mille gouvernements. Il sait que la coutume de protester prit naissance au berceau de la société française ; que loin d'être un crime, elle a toujours été considérée comme un acte de dévoûment patriotique. Un soldat protesta, à Tolbiac, contre la part un peu large que Clovis s'était faite du butin de l'ennemi ; les Leudes protestaient en champs de Mars contre les empiètements du chef qu'ils avaient élevé sur le pavois ; les seigneurs de l'ancienne France en faisaient autant, en champs de Mai, contre les rois qui violaient les lois du royaume. Lorsque les parlements devinrent les défenseurs naturels des franchises nationales et des droits du peuple, ils ne manquèrent jamais de protester énergiquement contre les abus du pouvoir royal. Vous connaissez la protestation sublime de la Vacquerie, contre les prétentions d'un prince despote et cruel, et celle plus récente, mais non moins patriotique, du parlement de Bordeaux, contre le privilége inouï que voulait s'arroger Louis XV. Mais, Messieurs, sans aller fouiller dans notre vieille histoire, la révolution française ne commença-t-elle pas sa période de gloire et de progrès moraux et sociaux par une solennelle protestation des députés du peuple? Et les 221, que firent-ils autre chose que de protester contre la violation de la Charte, pour ensuite chasser simultanément à coups de baïonnettes tous ceux qui tenaient au gouvernement de Charles X? Pourquoi ces partisans d'un complot du coin du feu n'eurent-ils pas un acte d'accusation à subir? N'est-ce pas parce que, lorsque les protestations sont triomphantes, avant la justice se trouve la force, qui soudain se constitue en droit malgré les lois et la raison? Et si cela est ainsi, si l'histoire des révolutions et des guerres intestines justifie ce que j'avance, quel rôle vous fait-on jouer ici? Qui veut-on mettre au pilori de l'opinion? Sont-ce les accusés? sont-ce les juges? Vous y songerez, Messieurs de la Haute-Cour, car ceci en vaut la peine. Charles Schmith, en protestant contre une violation de la loi fondamentale, n'a fait que suivre l'exemple des grands citoyens et des grands magistrats qui ont illustré l'ancienne France; il a fait, suivant sa foi politique, un acte de dévoûment patriotique; et ce qui prouve sa louable intention, c'est la conduite qu'il a tenue en juin 1848, alors que la guerre civile promenait son drapeau de sang sur le pavé de la capitale; on le vit partout où il fallait arrêter le torrent incendiaire, qui menaçait d'envahir la France et l'Europe entière.

Ces trois jours, de funeste mémoire, furent pour lui un temps d'épreuve. Il se montra partout aussi courageux que brave, sans cesser d'être humain et généreux pour ceux qu'il considérait alors comme ennemis des institutions et du repos public.

On vous a dit que Schmith était président de la commission exécutive permanente des délégués de la 5ᵉ légion; il a signé l'appel à la garde nationale; il avoue lui-même en être l'auteur et l'avoir fait publier dans les journaux; il s'associe aussi à ceux qui ont organisé la manifestation; on l'a vu le jour même avec les habits de capitaine, et couvert de ses armes. Sans doute ce sont là des preuves d'une exaltation extrême, mais qui n'ont rien de bien extraordinaire, ni de bien criminel dans un homme de cœur qui a des convictions sincères. Je voudrais bien connaître celui qui, lancé par sa foi politique dans un mouvement populaire résultant d'une révolution sociale, saurait, au fort de l'action, prendre le juste milieu que lui impose le devoir de citoyen; celui, dis-je, qui serait assez sage lorsque la colère et le ressentiment brûlent son âme, que de ne pas manifester quelques signes de désespoir? Vous avez, vous aussi, Messieurs, dans votre jeune temps, passé par les épreuves des révolutions, et connu l'anarchie des opinions et des idées, le jeu des passions et des ambitions; rappelez vos souvenirs, et dites-nous si votre foi politique n'était pas comme une espèce de foyer électrique, qui du cœur passait à la tête, et vous poussait à un excès de délire?

Dans le mouvement populaire du 13 juin, je ne vois dans la conduite de Ch. Schmith que l'effet naturel que produit l'esprit de l'exclusivisme sur tous les sectateurs des systèmes politiques, philosophiques, religieux ou sociaux, qui dominent un siècle. Cet esprit est absolu et souverainement despote, il passionne, il exalte, il fanatise; mais dans ses combats comme dans ses emportements, il fait toujours éclore quelque idée nouvelle ou quelque vérité de principe, dont la société tire avantage. L'exclusivisme est un vice de notre orgueil, voilà pourquoi il s'attache à tout, aux choses les plus sérieuses comme à celles qui sont les plus plaisantes. Au commencement du 17º siècle, les médecins divisèrent l'Europe en deux camps ; on se querella, on écrivit, on protesta, on se fit pendant quarante ans une guerre d'injures et de mauvais ton ; personne ne voulait avoir tort. Il ne s'agissait pourtant que de constater et de reconnaître la vertu du tabac ; plus tard, ce fut le tour des juges et des avocats. Cette terrible émeute de palais eut pour cause une affaire de mode. Lorsque pour la première fois les bonnets carrés parurent à l'audience, un effroyable tumulte s'éleva dans la salle ; juges, procureurs, avocats, huissiers, tout le monde s'écria que cette innovation allait porter un coup funeste à l'inviolable immobilité de la coiffure magistrale. L'exclusivisme fut chez les juges aussi impérieux que chez les médecins ; et si les bonnets carrés l'emportèrent sur les bonnets ronds, ce ne fut que lorsqu'on eut épuisé toute la logique du barreau pour montrer leur avantage. Ainsi, Messieurs, si vous vous rendez aux exigences rigoureuses de l'accusation, votre jugement aura un effet rétroactif ; il ira frapper dans leurs demeures mortelles les deux classes les plus utiles à la société, celles qui ne travaillent que pour nous faire rendre la justice et la santé.

Messieurs de la Haute-Cour ,

Si les faits de la manifestation du 13 juin prêtent quelque avantage à l'accusation , la cause qui les a fait naître trouvera un puissant appui dans votre longue expérience et dans votre haute sagesse. Vous les avez vues se dérouler, les révolutions qui ont désolé notre patrie ; vous savez qu'elles ne nous ont laissé que de tristes et de misérables résultats : des passions à combattre et des ambitions à satisfaire. Vous connaissez le vice qui a corrompu tout ce qu'elles pouvaient avoir d'utile à la nation, vice qui les a fait avorter dans les mains de quelques agioteurs politiques. Votre religion est suffisamment éclairée sur ce point ; mais s'il se trouve parmi vous un juge qui, par une susceptibilité bien légitime, serait disposé à remplir avec une rigoureuse ferveur la redoutable mission qui lui est imposée, qu'il consulte sa conscience ; elle lui dira qu'il y a dans le ciel une justice au-dessus de la justice humaine, et qu'il faut qu'elle ait sa part de respect et de vénération sur la terre. Alors il sera le premier à vous dire : Suivons, mes chers collègues, le sentiment qui nous anime, tels que les sages magistrats de Sparte, dont l'histoire nous a conservé le souvenir. Faisons dormir les lois vingt-quatre heures, afin de rendre à leur patrie des citoyens qui ne se sont rendus coupables envers elle, que par un excès de zèle. Ce n'est pas un conseil que je vous donne, Messieurs, c'est un vœu que je manifeste, et s'il peut avoir quelque empire sur vos esprits, j'aurai la satisfaction de croire que ma parole n'a pas été inutile à la cause du malheur.

M. RÉDARÈS.